LETTRE

AU

MINISTRE DE LA MARINE.

LETTRE

ADRESSÉE

AU MINISTRE DE LA MARINE,

PAR MM. LES DÉLÉGUÉS

DE LA MARTINIQUE.

PARIS.

IMPRIMERIE DE AUGUSTE AUFFRAY,

PASSAGE DU CAIRE, N° 54.

1831.

LETTRE

ADRESSÉE

AU MINISTRE DE LA MARINE,

PAR MM. LES DÉLÉGUÉS

DE LA MARTINIQUE.

————◦————

Paris, 18 novembre 1831.

Monsieur le Ministre,

Une lettre de M. Bissette, adressée à Votre Excellence, vient de m'être communiquée. Cette lettre ne méritait pas sans doute d'être réfutée ; mais elle a été livrée à l'impression : elle doit être ensuite distribuée à MM. les Députés ; et les calomnies qu'elle renferme, l'audace avec laquelle on s'est permis d'y dénaturer des faits bien connus, me mettent dans la nécessité de démentir tout ce qui a été avancé relativement à La Martinique.

« *On a été humble envers les hommes de couleur,*
« *dit M. Bissette : on leur a fait des promesses, on les*
» *a engagés à attendre avec patience les lois qu'ils*
» *réclamaient, on les a trompés.* »

Je ne sais qui a pu être humble envers les hommes de couleur ; mais je certifie que ce ne sont point les habitans de la colonie. Que des personnes sages aient donné des conseils de nature à tempérer l'impatience des hommes de couleur ; qu'on les ait engagés à jouir avec modération des nouveaux droits qui leur étaient accordés, de ceux qui leur étaient assurés, la chose est possible ; mais il est bien différent d'avoir voulu éclairer cette classe sur ses véritables intérêts, ou de s'être laissé aller à un humiliant subterfuge pour abuser de sa bonne foi. Ce fait est complétement faux.

M. Bissette avance que j'ai adressé à mes commettans *une lettre qui a couru toute la colonie, et dans laquelle j'annonçais que vous, monsieur le Ministre, aviez promis de rétablir le respect aux blancs imposé aux hommes de couleur.*

Ce fait est également faux. Toutes les lettres que j'ai adressées au conseil général de la Martinique sont enregistrées sur un livre de correspondance, et je suis prêt, monsieur le Ministre, à vous en donner communication, si vous le jugez nécessaire. Je déclare que je n'ai jamais écrit pareille absurdité ; et il me semble que M. Bissette, en me citant dans son Mémoire, aurait pu me faire l'honneur de me supposer du moins un peu de sens commun.

« *Mademoiselle Desclarice Romeny, de couleur, a* » *été mise au cachot, les fers aux pieds, pour avoir* » *réclamé une portion du prix d'une génisse qui avait* » *été vendue par la demoiselle Roy.* »

Tout le monde sait à la Martinique que cette réclamation n'était qu'un vain prétexte, et que, si la demoiselle Desclarice a été envoyée à la geôle, c'est pour avoir insulté et menacé *du poing* M. Dufougeray, commandant de la paroisse du Gros-Morne.

« *Sur les instances du commandant de la commune* » *de La Grande-Anse, M. Morel, procureur du Roi* » *de Saint-Pierre, menace une dame de couleur, qui* » *a obtenu des titres de liberté à l'étranger, de la*

» *vendre à l'encan, si elle refuse de reconnaître le*
» *principe du respect aux blancs.* »

M. Morel est un magistrat honorable, qui n'a certainement pas fait une pareille menace. Ceci est évidemment un de ces propos en l'air qui s'inventent, se répètent et finissent par être accrédités comme un fait.

« *Le sieur Aly fils, homme de couleur, est incar-*
» *céré par ordre de M. Lagrange-Chancel, lieutenant-*
» *commandant au Lamentin.* «

Je ne suis point au fait de cette circonstance, mais M. Lagrange-Chancel est d'un caractère trop loyal et consciencieux pour avoir puni le sieur Aly fils, sans que celui-ci l'ait bien complétement mérité.

« *Un blanc, employé à la direction du port, est*
» *menacé de destitution, s'il épouse une personne de*
» *couleur, la demoiselle Céphalie Williams.* »

Cette allégation ne peut être plus fondée que les précédentes. Les permissions de mariage entre des blancs et des personnes de couleur ne datent point de la révolution de juillet; plusieurs de ces mariages avaient eu lieu antérieurement; un entre autres, à ma connaissance, en 1829. Il n'est donc pas possible que les autorités de la Martinique aient mis obstacle à une pareille alliance depuis que le Gouvernement a prescrit de nouveau de laisser toute latitude à cet égard (1).

Si M. le directeur de l'intérieur a fait fermer le spectacle à Saint-Pierre, et fait payer, à cet effet, une indemnité à l'entrepreneur, il a agi sagement. Les spec-

---

(1) J'apprends que c'est le père de cet employé qui s'oppose à ce mariage, par des motifs qui concernent la future, dernièrement affranchie. Le fils a adressé des sommations respectueuses à son père.

tacles ont été, dans tous les temps, des occasions de désordres aux colonies; les autorités locales avaient été dans la nécessité de les supprimer à diverses époques; et il est évident qu'il y avait prudence à agir ainsi dans les circonstances où se trouvait la ville de Saint-Pierre.

Il y a eu, en effet, une rixe dans une promenade de cent pas de long, dite *Batterie-d'Esnault*. Je ne sais pas si M. de Champvallier a parodié la fable de La Fontaine; mais ce que je sais, c'est que plusieurs jeunes gens, *blancs*, de la ville ont été condamnés, à cette occasion, par la cour royale.

« *Un patronné est monté dernièrement à l'échafaud* » *avant d'avoir épuisé tous les degrés de juridiction,* » *le greffier ayant refusé, par ordre de M. Dessales,* » *de recevoir tout pourvoi d'un patronné.* »

Je n'ai point été informé, quoique je sois tenu fort au courant de ce qui se passe à la Martinique, qu'un patronné y ait été condamné à une peine afflictive en dernier lieu; si le fait était vrai, j'en aurais sûrement été instruit.

Quant au pourvoi en cassation du nommé *Louisy*, ou de tout autre patronné, il a dû être refusé, non pas parce qu'il a plu à M. *Nogues* ou à M. *Dessales* d'en agir ainsi, mais bien parce que la loi le voulait, et qu'un procureur général est obligé d'agir conformément à la loi.

« *Le proconsul Degages a condamné le nommé* » *Marc à se rendre provisoirement en prison, pour* » *avoir manqué de respect à M. Jay; et il est dit que* » *M. Jay devait un mois de nourriture au sieur Marc.* »

Cette affaire ne m'est point connue; mais je connais parfaitement M. Degages, négociant de Saint-Pierre et commandant de la garde nationale de cette ville; et je suis convaincu que M. Degages n'a point puni le sieur Marc sans les plus justes motifs.

Je ne parlerai point de l'accusation dirigée contre M. le gouverneur Dupotel, relativement au capital de 6,000 fr. qu'il exigerait d'un esclave qui sollicite son affranchissement. Quoique le Gouvernement ait supprimé la taxe dite d'*affranchissement*, il n'a pas pu prescrire que des libertés seraient accordées à des individus dépourvus de moyens d'existence, et qui deviendraient ainsi une charge pour la société dans laquelle il s'agit de les admettre. D'ailleurs, M. le gouverneur de la Martinique a dû rendre compte de ce qu'il a fait, et vous pouvez, monsieur le Ministre, apprécier mieux que moi la valeur de cette dénonciation.

« *On se fait un mérite de ravaler les classes de cou-*
» *leur, dit ensuite M. Bissette, et on leur refuse jus-*
» *qu'aux moyens d'acquérir les premières notions élé-*
» *mentaires. M. Ballin, inspecteur de l'instruction,*
» *a été l'objet de froideurs injurieuses; M. de Rosily*
» *lui aurait dit que, s'il persistait, la colonie écrirait*
» *contre lui.* »

M. Ballin a été envoyé à la Martinique pour veiller à l'instruction des hommes de couleur, avec 10,000 fr, d'appointemens; ce qui a paru un peu cher aux habitans; il avait même avec lui un employé qui recevait aussi un traitement dont j'ai oublié l'importance. Cette nouvelle charge imposée à la colonie n'a produit, il est vrai, aucun résultat satisfaisant. Mais la faute n'en est ni à M. Ballin, qui apparemment n'a pas pu organiser ses écoles, ni aux habitans, qui n'avaient aucune raison de le recevoir avec empressement. Quant à la menace qui lui aurait été adressée par M. de Rosily, elle est curieuse; et puisqu'elle n'a produit aucun effet, il est probable que M. Ballin ne s'en est pas fort épouvanté.

Je n'aurais pas pensé que des froideurs d'une part, et une menace bien insignifiante de l'autre, fussent une preuve, *qu'on se fît à la Martinique un mérite de ravaler les classes de couleur à l'égal de la brute.*

M. Bissette affirme qu'au mois d'août dernier, dans la commune du Marin, un navire négrier a débarqué sa cargaison; que les autorités sont instruites de ce fait et le tolèrent. Il assure aussi que, malgré le démenti du *Moniteur* du 19 octobre, des lettres déclarent que ce débarquement est positif.

Aucune des lettres que j'ai reçues n'en fait mention, et toutes les personnes qui sont arrivées dernièrement de la colonie m'ont affirmé que cette nouvelle était controuvée.

Est-il probable, en effet, qu'un spéculateur ait voulu s'exposer aux peines établies par la dernière loi sur la traite des noirs, et que des autorités aient pu se permettre de ne pas obéir à cette même loi? Personne ne fait la traite pour le plaisir de la faire; l'appas d'un bénéfice considérable pourrait seul engager des gens avides à courir les chances et les dangers de ce trafic. Mais dans la situation actuelle des colonies, qui voudrait acheter des noirs? Qui pourrait les payer? Aujourd'hui personne ne peut avoir d'intérêt à faire la traite, et c'est certainement la plus forte garantie qu'on puisse trouver contre toute entreprise de ce genre.

M. Garnier Saint-Omer, dont il est ensuite question, est mort depuis quelque temps; il eût peut-être été convenable de respecter sa cendre, lors même qu'on eût été fondé à lui adresser des reproches sur sa conduite passée. Une information faite par le tribunal du

Fort-Royal a prouvé que l'accusation mentionnée par M. Bissette n'était point fondée.

Mais je suis fort bien informé de tout ce qui s'est passé sur l'habitation *Spoutourne*, et je déclare de la manière la plus formelle, que toutes les horreurs que M. Bissette attribue à M. Vermeil, gérant, sont de pures calomnies.

M. Vermeil était un homme bienveillant, fort aimé des noirs de l'habitation, qu'il traitait avec douceur, il avait même dans toute la colonie la réputation d'être fort indulgent, et de dépenser pour le bien être de son atelier beaucoup plus que la plupart des habitations de la même importance. Cependant M. Vermeil ayant été dénoncé, ainsi que le médecin de l'habitation, M. le gouverneur donna ordre que l'un et l'autre fussent remplacés. Après quelques explications, cet ordre fut révoqué. Plus tard, en effet, une information fut ordonnée, mais on y avait tellement violé les règles de compétence, elle contenait de telles irrégularités, pour ne rien dire de plus, que la chambre d'accusation a montré une grande indulgence en se bornant à ordonner une nouvelle information.

M. Vermeil ne s'est point évadé, *les colonistes* n'ont point favorisé son évasion à la *Dominique*. Il a été forcé de se retirer au Fort-Royal, où il se meurt par suite *d'empoisonnement*.

Les six esclaves qui ont été arrêtés à *Spoutourne* avaient soulevé l'atelier et mis le feu aux cases de l'habitation. De ce nombre était une négresse, nommée *Tine* employée comme *infirmière* aux appointemens, quoiqu'esclave, de 40 fr. par mois. C'est elle qui, en reconnaissance des bontés dont elle avait été comblée, a usé de son influence parmi les nègres pour chercher à ruiner ses maîtres de fond en comble. Je sais que madame Dubuc de Saint-Prix a été particulièrement affligée de cette ingratitude.

Ces noirs ne peuvent être vendus. Comme sujets dangereux, ils seront, pour toute punition, conduits dans une colonie étrangère, où il seront libres.

M. Bissette ne se fait aucun scrupule d'attaquer le nom et la famille d'une des personnes qui font le plus d'honneur à la Martinique(1). Heureusement, de pareilles attaques ne sauraient porter atteinte à une réputation sans tache et à une vie honorable, entièrement consacrée au service de la colonie. Il me suffit de déclarer, pour faire tomber l'accusation de M. Bissette, que les noirs arrêtés sur l'habitation *Dariste*, foyer du complot, ont avoué le crime pour lequel ils ont été punis.

« *Vers la fin d'août l'esprit inventif des colons imagina un festin nocturne aux pieds de la potence, etc.* »

Ce fait est inexact. Je suis fondé à penser que M. Bissette lui-même sait que ce souper n'a jamais eu lieu. Une étourderie bien blâmable sans doute a été commise, mais elle n'avait pas le caractère de gravité qu'on lui donne; les auteurs en ont été punis.

Après cette longue énumération d'accusations, dans lesquelles M. Bissette a compris beaucoup et de faits obscurs, il arrive à la justice, *qui ne pourra jamais, dit-il, parvenir à comprimer la férocité des colons*.

J'ai l'honneur, monsieur le ministre, de vous adresser ci-joint un état, signé par le greffier de la Cour royale de la Martinique, de treize jugemens rendus en faveur des hommes de couleur et esclaves qui avaient fait valoir de justes sujets de plaintes contre des blancs. Ces

____

(1) M. de Perrinelle et son fils.

arrêts, qui font honneur à l'indépendance de la magistrature coloniale, prouvent jusqu'à l'évidence l'inexactitude des faits allégués dans la lettre de M. Bissette. (*Voir* l'état ci-après annéxé.)

Nous voyons plus loin que *M. Morel, procureur du Roi, d'accord avec le procureur général, aurait, dit-on, dénoncé M. Juston comme dangereux pour le repos de la colonie qu'il venait de quitter.* M. Morel a pu se plaindre verbalement de quelques procédés de M. Juston.

Mais le fait seul du départ de ce magistrat rendait toute dénonciation officielle complétement inutile, même impossible. Il est singulier que *la faction* de la Martinique doive être responsable des désagrémens que M. Juston aurait éprouvés à la Guadeloupe.

Il est faux que M. Dupotet ait obéi aux ordres des colons en ne célébrant pas la fête du Roi ; cette fête a eu lieu : il est faux que M. Dessales ait réclamé le rétablissement d'une cour prévotale, *pour condamner des hommes de couleur qui auraient fêté, par un dîner, l'anniversaire des trois jours de juillet.*

Le 45e régiment de ligne n'échappe point à l'exaspération de M. Bissette. Ce régiment remarquable par sa discipline, sa bonne tenue et sa bonne conduite, est commandé par un officier très-distingué et généralement estimé en France comme dans les colonies; jamais il ne s'était élevé de plaintes jusqu'à présent contre ce corps respectable. Il faut que ce soit M. Bissette qui commence, et pour que sa dénonciation soit complète, non content de déverser le blâme sur les officiers présens à leur régiment, il faut encore qu'il cherche à nuire à ceux qui en sont absens par congé.

La garde nationale elle-même n'est point épargnée. Le gouverneur actuel et un illustre général dont le nom

rappelle les plus éminens services, M. le général Don-
zelot , ancien gouverneur de la colonie , sont également
dénoncés à l'opinion publique. M. Bissette n'a voulu
épargner personne. Il comprend dans ses anathêmes les
autorités civiles et militaires , la population blanche de
deux colonies , enfin tous ceux qui ne sont pas de ses
amis particuliers. Tout le monde a tort, excepté lui et
les siens. Mais, M. Bissette, par cela même que ses attaques sont aussi générales, ne s'expose-t-il pas à faire
naître une réflexion bien naturelle ? C'est qu'il se pourrait, en présence des masses qu'il dénonce , que ce ne
fût pas lui qui eût *seul* raison.

M. Bissette paraît être dans un état d'irritation , qui
est une conséquence naturelle de sa position. Il est sim-
ple qu'il se croie fondé dans ses plaintes, qu'il se plaigne
même en termes peu mesurés. Cependant, ce n'est pas
une raison pour qu'il mette ses griefs particuliers à la
place des intérêts de son pays ; et peut-être même de-
vrait-il se récuser dans une semblable cause?

Vous savez , monsieur le Ministre, que le conseil général de la Martinique ne m'a point chargé de réclamer
auprès de vous contre les concessions qui ont été faites
en faveur des hommes de couleur ; que je ne me suis
occupé que des intérêts généraux de la colonie , et des
droits de tous , tels que mes commettans les entendaient
comme conséquence de l'article 64 de la Charte consti-
tutionnelle. Vous n'avez point reconnu en moi cette exal-
tation ni ces préjugés que M. Bissette veut attribuer aux
colons de la Martinique , et dont je ne trouve aucune
trace dans ma correspondance officielle avec la colonie.
Il vous sera donc facile, monsieur le Ministre , d'apprécier le mémoire de M. Bissette à sa juste valeur. Mais
il ne me suffira point de justifier à vos yeux mes commettans, des accusations qui ont été dirigées contre

eux. Bien que l'exagération de ces plaintes doive suffire à toute personne raisonnable pour en reconnaître l'absurdité; il est nécessaire que ces explications soient rendues publiques.

Je suis avec respect,

Monsieur le Ministre,

Votre très-humble et très-obéissant serviteur,

FLEURIAU.
Délégué de la Martinique.

POST-SCRIPTUM.

Je n'ai pu prendre que depuis peu de temps une part directe aux travaux des délégués des colonies ; mais la connaissance intime que j'ai de la véritable situation des choses et de la plupart des caractères incriminés, ne me laisse pas hésiter un instant à exprimer mon adhésion à la réponse de M. de Fleuriau au pamphlet signé Bissette.

Cette adhésion n'était sans doute nullement nécessaire, mais ce que je n'ai pu me refuser à ajouter à celle que j'exprime, c'est que tous les esprits impartiaux seront frappés sans doute de *l'étrange opportunité* qu'a cru voir l'auteur du pamphlet, pour accuser tout à la fois le gouvernement actuel de la Métropole, sur ce qu'il appelle son peu d'intelligence *du véritable état des colonies françaises, et l'esprit de réaction* qu'il impute à ce qu'il appelle l'aristocratie coloniale. Car ce qui est notoire à tous, tant en Europe qu'aux colonies, et ce qui nous est démontré, monsieur le Ministre, c'est que si d'une part le gouvernement de la métropole s'est depuis les journées de juillet constamment occupé d'élargir aux colonies la sphère des droits de tous les hommes libres, il est loin d'avoir éprouvé aucune opposition à ses vues de la part des colonies ou de leurs délégués. Ce ne seraient donc plus, après tant de concessions faites ou annoncées, sans qu'elles aient donné lieu à aucune réclamation, de simples redressemens de torts qu'on viendrait invoquer, mais de véritables prétentions de privilége qu'on vient élever, et qui ne tendraient à rien moins qu'à rompre l'égalité au profit exclusif d'une émancipation à peine consommée.

Ce petit nombre de réflexions suffira, j'espère, pour donner la mesure du degré de confiance que mérite l'auteur du pamphlet, dans toutes ses assertions.

Le délégué suppléant de la Martinique.

Signé, baron de COOLS.

Paris, le 18 novembre 1831.

MARTINIQUE.

COUR ROYALE.

État des arrêts rendus par la Cour royale, la Chambre de police correctionnelle et les Cours d'Assises, sur la plainte de gens de couleur libres ou du ministère public, contre des blancs, avec la notice sommaire de la plainte et des motifs des arrêts.

DATES des Arrêts.	MOTIFS DE LA PRÉVENTION.	NOTICE SOMMAIRE.
	Police correctionnelle.	
14 juill. 1829	Le Ministère public. C 1° Le sieur....., propriétaire au Fort-Royal, prévenu d'avoir troublé l'ordre public. 2° Le sieur....., homme de couleur libre, prévenu du même fait.	L'arrêt a condamné les deux prévenus à un mois d'emprisonnement, chacun à 10 francs d'amende, et solidairement aux dépens.
18 juill. —	Le Ministère public. C. Le sieur ...., habitant au quartier du Fort-Royal, prévenu d'injures et voies de fait envers un homme de couleur libre, nommé Bertrand.	L'arrêt condamne le prévenu à 25 fr. d'amende et aux dépens.
6 fév. 1830	Le Ministère public. C Les sieurs...., frères, négocians au Fort-Royal, prévenus d'avoir porté des coups à un homme de couleur libre.	L'arrêt les a déclarés coupables et condamnés à 3 mois de prison, à 200 francs d'amende et aux dépens.
5 mars —	Le ministère public. C Le sieur....., habitant à la	L'arrêt l'a déclaré coupable et condam-

DATES des Arrêts.	MOTIFS DE LA PRÉVENTION.	NOTICE SOMMAIRE.
	Rivière-Salée, prévenu d'avoir porté des coups à un homme de couleur libre, nommé Agricole.	né à 100 fr. d'amende et aux dépens.
11 nov. 1830	Le Ministère public. C Le sieur....., orfèvre, demeurant à Saint-Pierre, prévenu d'avoir injurié et frappé une femme de couleur libre, nommée Brigitte.	L'arrêt l'a déclaré coupable et condamné à 24 heures de prison et 100 d'amende, 50 fr. de dommages - intérêts et aux dépens.
11 déc. —	Le Ministère public. C Le sieur....., habitant dans l'arrondissement du Fort-Royal, prévenu d'excès envers son esclave Élise.	L'arrêt l'a déclaré coupable et condamné à un mois de prison, 400 fr. d'amende, la confiscation de l'esclave a été prononcée, l'interdiction d'en posséder d'autres pendant 10 ans, et la vente de ceux qu'il possède, ordonnées.
8 mars 1831	Le Ministère public. C 1° le sieur....., demeurant à Saint-Pierre, prévenu d'avoir donné un coup de parapluie à un homme de couleur, libre, nommé Louis Alexandre, le 21 novembre 1830. 2° Le sieur......, négociant à Saint-Pierre, prévenu d'avoir porté des coups à quatre personnes de couleur, libres, nommées Félicien, Auguste, Oculy et Huvelis, le même jour. 3° Le sieur......, demeurant à Saint-Pierre, prévenu d'avoir le même jour donné des coups à deux personnes libres, nommées Adolphe et Oculy.	Le premier a été déclaré coupable d'avoir porté le coup de parapluie, et par application de l'article 311 du Code pénal, il a été condamné à 3 mois d'emprisonnement, 208 fr. d'amende et aux dépens. Le deuxième a été déclaré coupable, et, par application du même article, condamné à la même peine. Le troisième, attendu que les faits à lui imputés n'étaient pas suffisamment prouvés, a été renvoyé de la plainte.
8 mars —	Le Ministère public. C Le sieur......, négociant à Saint-Pierre, prévenu d'avoir porté un coup à une personne libre, nommée Oculy fils.	L'arrêt l'a déclaré coupable, mais attendu qu'il existe des circonstances atténuantes, l'a condamné à 200 francs d'amende.

DATES des Arrêts.	MOTIFS DE LA PRÉVENTION.	NOTICE SOMMAIRE.
Même arrêt.	Le sieur……, marchand à Saint-Pierre, prévenu d'avoir porté des coups à deux personnes libres, nommées Adelson et Oculy.	L'arrêt l'a déclaré coupable, et, par application de l'article 311 du Code pénal, l'a condamné à un mois d'emprisonnement, 101 francs d'amende, et aux dépens.
5 avril 1831	Le sieur……, commis de négociant à Saint-Pierre, prévenu d'avoir porté des coups au sieur Adolphe, de couleur, libre.	L'arrêt l'a déclaré coupable, mais pour des causes atténuantes, l'a condamné à 50 francs d'amende et aux dépens.
6 avril —	Le sieur……, prévenu de vagabondage et d'avoir porté des coups aux nommés Edouard et Borde, gens de couleur, libres, et à l'esclave Gros-Boyau.	L'arrêt a déclaré le prévenu coupable, et l'a condamné à un an d'emprisonnement, à 101 francs d'amende et aux dépens.
24 mai —	Le sieur……, habitant, propriétaire à la Basse-Pointe, prévenu de voies de fait envers la veuve Antoine, de couleur, libre.	L'arrêt l'a déclaré coupable, mais considérant les circonstances atténuantes, l'a condamné à 50 fr. d'amende et aux dépens.
28 mai —	*Cour d'assises du Fort-Royal.* 1° Le sieur……, commis à la police de Vauclin; 2° le sieur……, marchand au Vauclin, prévenus de tentatives de meurtre sur la personne du sieur Valery Agathe, homme de couleur, libre.	L'arrêt a reconnu que les blessures avaient été occasionnées par maladies. En conséquence : Le premier a été condamné à 16 jours de prison, 101 francs d'amende, et 500 fr. de dommages-intérêts. Le deuxième à 101 francs d'amende et solidairement aux dépens.

Certifié le présent extrait conforme aux rôles de police correctionnelle de la Cour royale de la Martinique et des Cours d'assises de Saint-Pierre et du Fort-Royal.

Fort-Royal, le 9 septembre 1829.

Le greffier en chef, signé : LAMOTTE.

Pour copie conforme à l'original, FLEURIAU

Délégué de la Martinique.